AF231934

ADRESSE

DU
PEUPLE FRANÇAIS

AU

GRAND ÉLECTEUR.

ADRESSE

DU

PEUPLE FRANÇAIS

AU

GRAND ÉLECTEUR.

Timeo Danaos, sed dona ferentes.
Virg. Énéide, liv. 2.

A HAMBOURG.

1799.

ADRESSE

DU

PEUPLE FRANÇAIS

AU

GRAND ÉLECTEUR.

Il est tems qu'à des rebelles,
Français, vous fassiez la loi;
Accourez, guerriers fidèles,
Vengez la mort d'un bon roi.

APRÈS avoir passé dans le plus cruel servage dix années parées du masque de la liberté, après avoir souffert tous les maux qu'entraîne la révolte, lorsque je repasse la liste des forfaits dont je me suis rendu coupable, je ne vois plus en moi qu'opprobre et ignominie.

Jadis aimé des autres nations, aujourd'hui je suis l'exécration de toutes, et par suite de mon insubordination, je me trouve rayé du nombre des peuples civilisés.

Mais pour obtenir le pardon que j'implore, il est nécessaire que tu saches combien je suis criminel, il faut que je te rappelle succinctement tous mes torts ; la liste en est telle que j'en ai horreur moi-même : écoutes et trembles !....

Fils ingrat du meilleur des pères, je ne pus suivre l'exemple de mes frères ; je demandai à haute voix la mort de mes aînés ; mais je ne pus rien obtenir. Ma demande fut reçue avec indignation par notre père commun, et aussi généreux que j'étais injuste, il me pardonna mes écarts. Je devins furieux de sa clémence ; je desirois un coup pour éclater, et afin de parvenir au but que je me proposois, tout par moi fut foulé aux pieds : religion, sentiment, patrie, rien ne fut épargné ; tout d'un pôle à l'autre fut mis en combustion. La générosité, loin de me faire rentrer dans mon devoir, ne fit au contraire qu'accroître mon audace : je portai par-tout le fer et la flamme, et mes progrès dans la carrière du vice furent si rapides et si prompts

que , bientôt , je parvins au dernier pé-
riode......

Mais quel souvenir cruel me déchire....
Ombre chérie de Louis XVI appaise-toi....
ta mort et celle de ton auguste famille a mis
le comble à mes forfaits. Mais un autre toi-
même existe maintenant; c'est à lui que j'a-
dresse mes vœux, puisse-t-il me rendre la
tranquillité !

Placé par la force des armes au rang des
plus grands conquérans, Bonaparte, c'est à toi
que je m'adresse, connois les besoins d'un
peuple malheureux, travaille, il t'en con-
jure à lui donnar la paix. Hélas! depuis
long-tems il l'a perdue. Saches qu'en extir-
pant jusques dans sa racine tout esprit de
faction, tu peux, en restaurant les mœurs,
me remettre sur la liste des peuples po-
licés.

Qu'il seroit beau ce jour où la France,
rendue à ses maîtres légitimes, feroit oublier l'exécrable massacre des prisons, ces
jours malheureux où son sol fertile étoit
couvert de deuil et de tombeaux; le régime
de l'anarchie la plus affreuse ; enfin tous ces
tems de calamité qui ont trop long-tems pesé
sur notre infortuné climat.

On dit que, d'après le plan de constitution que tu dois faire adopter, la France seroit divisée en un certain nombre de départemens : il seroit bien plus simple de rétablir les provinces, et qu'au lieu d'administration centrale, il y eût un intendant qui, comme jadis, auroit ses subdélégués dans les différens lieux de son ressort; car enfin pourquoi se mettre l'esprit à la torture pour rendre à un corps qu'on avoit disloqué, sa première forme? Pourquoi donner à ses différens membres d'autres noms que ceux qu'ils portoient précédemment. Chaque art a ses termes tecniques, invariables; sans doute, il existe de grands changemens, de grandes réformes à faire. Par exemple, je ferois rendre gorge à ces plats valets; je leur demanderois un compte exact et circonstancié de leur fortune, l'ancienne et actuelle; des moyens pour se la procurer; la majeure partie seroit le fruit de l'intrigue et de la rapine.

Quid non mortalia pectora eogis,

Auri sacra fames.

Bonaparte, s'il est vrai, comme on l'assure, que tu aimes les arts, rends-leur les premiers alimens du génie; ouvres les sources de l'industrie; rends aux ateliers, maintenant pour la plupart inhabités, leur ancienne activité; quittes pour un instant ton palais somptueux, et transportes-toi en idée dans le réduit de l'honnête indigence; vois par-tout les traces de la misère : si ses soupirs étouffés parviennent jusqu'à toi et excitent ta sensibilité, tu mérites.... Remplis alors un devoir bien cher à l'humanité : sois bienfaisant.

Mais pour avoir réellement le caractère distinctif de grand homme, sois généreux; rends à l'héritier véritable ses droits et son palais, et satisfait d'avoir fait des heureux, tu jouiras doublement.

Cependant, avant de déposer l'autorité que tu t'es arrogée, il est nécessaire d'élaguer toutes les branches parasites, qui jusqu'à ce jour ont dévoré ma substance : tu prévois sans doute que je veux te parler du corps dit législatif, et qui jamais n'a pu me forger une loi. En proie aux factions qui sans cesse le déchirent, ses membres ressemblent à ceux que désigne un pseaume : « Ils ont » des oreilles, et ils n'entendent point ; ils ont

» des yeux , et ils ne voient pas ; ils ont des
» cœurs , et ils ne sentent point ».

Tu connois tous les maux que j'ai soufferts;
vois combien maintenant je dois me repentir
d'avoir voulu devenir souverain ! Rappelle-toi
le tems où semblant sortir de dessous terre,
tu me donnas une correction fraternelle :
c'est de cet instant que commence l'ère de
ta prétendue gloire.

Rends-moi la religion de mes pères , et
fais que comme autrefois elle soit dominante;
que tous les prêtres qui fidèles à leurs cons-
ciences ont été forcés de sortir de leur terri-
toire , rentrent; rends-leur leur antique con-
sidération , et que l'acharnement qui a existé
si long-tems contr'eux soit le châtiment de
leurs persécuteurs.

Mais s'il est méritant pour ceux-là de te
devoir leur réhabilitation , l'ignominie des
apostats , la honte de ceux qui par la perver-
sité de leurs mœurs m'avaient fait abjurer
tout sentiment de religion , doit être en pro-
portion.

Je te félicite d'avoir choisi le nom de grand
électeur ; aucun ne te convenoit mieux , d'a-

près tes plans projetés. Quoique dans le droit tu ne sois qu'un usurpateur, dans le fait tu passeras pour avoir fait le bien : ta mémoire perpétuée à la postérité conservera le degré d'estime qu'on ne peut enlever à ta gloire ; mais exauces mes vœux et réhabilites le trône et l'autel. Le trône est absolument essentiel pour ma justification, et sans l'autel, le trône ne peut prendre une assiette stable. J'attends de toi tous ces grands changemens.

Et toi, MONSIEUR, légitime souverain, puisqu'une main parricide m'a fait présenter à l'illustre fils de Capet, le poison qui a tranché le cours de sa vie, hâte-toi de revenir ; crois qu'il te reste encore des amis fidèles.

Le peuple en masse a causé tes malheurs : une partie a su se garantir de la contagion : la malheureuse ville de Lyon est une preuve de ce que j'avance. Rappelles-toi le temps affreux où ce saltinbanque déporté (1) vengea à coups de canon les sif-

____

(1) On sait que Collot-d'Herbois fut un des héros du siége de Lyon, ville où, avant la révolution, il avoit joué la comédie avec assez peu de succès.

flets qui s'étoient dirigés contre lui dans cette même cité.

Oui, pour toi le peuple de Lyon a souffert tous les malheurs attachés à une guerre intestine ; et, malgré l'acharnement continuel des anciens gouvernans pour anéantir ce qui te reste d'amis, ils n'y parviendront jamais.

Déjà Bonaparte vient de faire une suspension d'armes avec les chefs de ton armée qui, en ce moment, couvrent tous les départemens riverains de la mer. Cette nouvelle m'a rempli de joie, car enfin il est tems de faire cesser cette lutte, et puis pour régner il te faut des sujets.

Rassemble promptement tous ces illustres fugitifs, qui ont préféré partager tes malheurs plutôt que de se courber devant tous ces pygmées modernes, enfans de la révolte.

Quand une fois tu occuperas la place de tes ancêtres, j'implore ta clémence. Si cependant pour le bien de l'état tu jugeois à propos de faire quelques exemples, agis d'après ta volonté ; désormais elle sera respectée ; et ton peuple, instruit à l'école du

malheur, ne songera plus désormais de vouloir dicter des lois à celui de qui il doit en
recevoir.

Rentré dans les limites qu'il n'eut jamais
dû enfreindre, il verra sans murmurer les
actes qui émaneront de ton autorité; et sou-
mis autant qu'il fut rebelle, il te fera pour
ainsi dire oublier ses torts envers toute ta
famille.

Que ton illustre nièce, Madame, nous
ramène les graces de son infortunée mère;
que comme elle, elle soit l'ornement de ta
cour, et que malgré tous les motifs de haine
qui doivent l'animer contre moi, elle soit la
première à plaindre mon égarement.

Mais cependant il faut que le cours de la
justice ne reçoive aucun rallentissement; demande, et je te livrerai les moteurs de mon
insurrection; elle fut fomentée habilement,
que la prudence soit ton guide dans toutes
tes démarches. Que fais-je ?.... Lorsque je
ne dois qu'implorer mon pardon, je m'ingère
à te donner des avis : telle est la force de
l'habitude, que, malgré mon repentir et ma
ferme résolution, je veux toujours dicter.

Je reviens à mes délégués. La tyrannie et

la bassesse des membres qui ont composé et qui composent encore ma représentation, ont attiré sur eux l'indignation publique ; et, quelques puissent être maintenant les destinées de la France, je ne vois rien de plus odieux et de plus terrible que l'existence d'un sénat prévaricateur.

Consacrant tous les crimes de la tyrannie populaire, et contemplant avec une joie féroce tous les maux de la patrie, l'état s'entredéchire de divisions intestines sans cesse renaissaissantes, et si tu ne viens à mon secours, je me vois dans une situation d'autant plus affreuse que mon mal sera sans remède. Combien Polybe avoit raison, en définissant le gouvernement populaire la source de tous les maux.

Pénétré des sentimens qui m'animent aujourd'hui, viens avec confiance, et que ta présence m'annonce le retour de mon bonheur. Et comme Charles II, lorsqu'il remonta sur le trône de son malheureux père, occupe-toi de remettre dans tes états l'ordre et la paix. La paix et l'ordre ! l'une et l'autre sont bien nécessaires. Depuis l'instant où mon insurrection éclata, ces deux divinités ont abandonné la France et l'ont laissée en proie à toutes les factions.

Déjà j'ai eu trois constitutions ; aucune d'elles jusqu'à présent n'a pu être assise sur une base inébranlable, maintenant on m'en forge une quatrième : ce sera par toi que je saurai l'apprécier. En attendant, voici le sort qu'ont éprouvé les trois premières :

> Des pères impuissans, conception étrange,
> La première, à Paris, périt au dix août ;
> La seconde, pétrie et de sang et de fange,
> Sans avoir vu le jour, mourut sous le verrou ;
> La troisième sembloit plus forte, et mieux conçue,
> Mais par-tout invoquée, et détruite par-tout,
> Par de nombreux viols, en tous ses points rompue,
> Elle vient d'expirer aux filets de Saint-Cloud.

Maintenant donc que je suis pénétré de cette grande vérité qu'il faut réunir un système religieux à la législation et à la politique ; je te le demande.

J'espère que tu voudras bien conserver la religion , car sans elle, je serai toujours dans l'anarchie ; et si l'expression d'Homère, « La religion suspend par une chaîne d'or la terre au trône de la divinité » , me paroît belle et bien conçue, je dirai aussi qu'elle maintient les trônes de la terre,

images sacrés de celui de celui de l'Éternel.

O mon roi ! reviens en France redonner
à un peuple dont ton nom doit à présent
fixer la destinée, une autre vie. Mes yeux
dessillés s'ouvrent à la lumière, et la phi-
losophie, qu'on dit m'éclairer de son flam-
beau, me persuade qu'en toi et sous toi je
dois irrévocablement recouvrer mon existence politique.

Rétablis dans leur rang primitif les ordres
constitutifs de l'état ; rends à la noblesse ses
titres et ses droits honorifiques ; au clergé,
sa splendeur ; à ton trône, sa majesté. Que
ton peuple, jouissant par tes soins paternels
d'une douce aisance, te paie sans répu-
gnance les impôts que pourront exiger les
besoins du gouvernement : comme ils ne
seront créés que dans des cas d'urgence,
le recouvrement n'éprouvera aucune diffi-
culté.

Mais pour rendre aux nobles et au clergé
les biens dont mon atroce rebellion les a si
injustement dépouillés, établis une juste ba-
lance, et tu distingueras facilement ceux que
l'esprit de rapine a dirigé dans l'achat de ces
mêmes biens.

Rétablis les deux ordres constitutifs de la couronne, la noblesse et le clergé ; rends aux nobles leurs titres et leur splendeur, au clergé le respect et ses dîmes, à ton trône sa majesté.

Pour parvenir à tout cela, tu n'as que ton vouloir à émettre, sans crainte d'éprouver la moindre contrariété. S'il en était autrement, agis avec sévérité, et fais rentrer dans la poussière quiconque oseroit résister à tes volontés ; mais non..... dix années d'expérience et de malheurs ont bien diminué l'effervescence populaire.

Cependant si tu redoutois encore les étincelles du grand incendie qui a embrâsé toute l'Europe, poursuis-les jusques dans leur dernier foyer. Si par toi-même tu n'as pas assez de moyens, parles.... Ton peuple est là ; avec lui tu peux tout : il te jure fidélité et obéissance.

Et, pour que tu n'aie aucun doute de sa conversion, reçois et lis l'adresse émanée du vœu général de ton peuple ; tu y verras de quels sentimens il est animé ; tu connoîtras l'esprit de componction et de vérité qui l'a dictée ; tu sentiras enfin combien il est grand de la part d'un roi de savoir pardonner à son peuple que des suggestions perfides avoient pu égarer.

Le peuple français, réuni en assemblée générale,

A MONSIEUR. (1)

« LE peuple français, rentré dans son
» devoir et réuni en assemblée générale,
» vous supplie qu'oubliant tous ses torts en-
» vers vous et les restes épars de votre au-
» guste famille, de vouloir vous hâter de
» revenir lui rendre le bonheur et la paix
» qu'il ne peut espérer que de votre clé-
» mence qu'il implore.

» Qu'attendez-vous, grand prince, pour
» combler ses vœux? craignez-vous encore
» le retour de l'anarchie? Il est impossible.
» Votre peuple, revenu de l'erreur qui lui

---

(1) On sait que par l'assasinat de Louis XVI, et la mort violente de son fils, décédé au Temple, MONSIEUR est, de droit, le légitime héritier du trône de France.

» a trop long-temps fasciné les yeux, er-
» reur funeste qui l'a conduit à ensanglanter
» le trône dans la personne auguste de votre
» illustre frère, sa magnanime épouse, et
» votre vertueuse sœur ; madame Élisa-
» beth.

» Je ne vous parlerai point des persécu-
» tions inouies qu'a éprouvées la famille
» royale ; je me tairai sur le nombre de
» vos fidèles sujets que l'ignominie a sem-
» blé conduire au tombeau ; cependant je
» ne puis me défendre de dire que le sang
» de tant d'illustres victimes, versé par un
» tribunal dont la soif ressembloit à celle
» d'un hydropique, ne pouvoit se calmer,
» loin d'entraîner l'ignominie, les a au con-
» traire couverts d'une gloire immortelle,
» puisqu'ils perdoient la vie là où ils retrou-
» voient les restes inanimés de leur auguste
» maître.

» Ce n'est qu'en frémissant que je m'ar-
» rête sur ces horribles catastrophes.

» Ce seroit avec des larmes de sang qu'il
» faudroit retracer les crimes commis dans
» ces tems inouis...... Mais pourquoi te
» rappeler cess scènes atroces ? pourquoi

» r'ouvrir les cicatrices d'une plaie encore
» saignante ? Ah ! tirons plutôt le rideau
» sur ce tableau qui ne nous représenteroit
» que les situations les plus déchirantes et les
» plus affreuses !....

» Depuis cet instant malheureux, le fran-
» çais a toujours marché entre la vie et la
» mort. Sans cesse entouré des sbires de son
» gouvernement sanguinaire, pour un mot,
» pour une opinion non émise, il étoit aussi-
» tôt traîné dans un cachot d'où il ne sortoit
» que pour aller à l'échafaud, sans même
» que le tribunal vendu à ces forbans ob-
» servât aucune des formules requises.....
» Et ce même peuple qui avoit eu la témé-
» rité de mettre des mains parricides sur
» son roi, avoit la lâcheté de se laisser con-
» duire à la mort par ceux qu'il avoit chargé
» de le gouverner.

» La religion de nos ancêtres essuya les
» persécutions les plus cruelles ; ses mi-
» nistres furent arrêtés, noyés, déportés,
» et l'homme probre et vertueux qui vouloit
» suivre l'impulsion de sa foi, en devenoit le
» martyr.

» Cependant la mesure des crimes des
» gouvernans étant à son comble, ce sénat

» sanguinaire et prévaricateur s'entre-déchira
» lui-même ; les égorgeurs furent égorgés ,
» et la France qui pendant deux ans n'avoit
» vu sur son sol fertile , que tombeaux et
» échafauds , commença à respirer ; les pri-
» sons s'ouvrirent , la confiance reparut , et
» bientôt , du sein de la législation , une troi-
» sième constitution sortit.

» Moins vicieuse et plus tolérante que la
» précédente , elle reçut la sanction du peu-
» ple. On jura son inviolabilité ; et ceux qui
» étoient chargés et qui avoient juré de la
» défendre , furent les premiers à l'en-
» freindre.

» Cette première infraction attira de nou-
» velles persécutions. Le gouvernement de-
» vint militaire, et la tyrannie la plus grande
» fut exercée contre les écrivains courageux
» qui pouvoient encore hasarder leur opi-
» nion au péril de leur propre tranquil-
» lité.

» Enfin, par un coup inattendu, Bona-
» parte , à son retour d'Égypte, lui a donné
» la mort à Saint-Cloud.

» Cette versalité inévitable dans un gou-
» vernement où l'ambition et l'intrigue oc-

» cupent et occuperont toujours les pre-
» mières places de l'état, a fini de me dé-
» siller les yeux ; c'est en vain qu'on s'appli-
» que à me faire une autre constitution , de
» laquelle dépend , dit-on , mon bonheur ;
» je ne veux plus rien d'eux : et pour me
» servir de l'expression de Virgile, je m'é-
» crie sans cesse : Je crains mes gouvernans ,
» même lorsqu'ils ont l'air de travailler pour
» ma prospérité.

» Devenu fixe, d'après tous mes malheurs,
» je ne veux plus que mon roi ; et , au lieu
» des sermens que j'ai prêté cent fois, et qui
» cent fois m'ont été rendus, je ne veux plus
» faire que celui de fidélité et d'obéissance à
» toi, MONSIEUR , légitime héritier du trône
» de tes pères.

» O mon prince ! que la connoissance de
» mon infortune te rende sensible à ma prière;
» reviens, et que tes palais maintenant ha-
» bités par des gens plutôt laquais que gou-
» vernans , ne soient plus avilis. Entends,
» d'après moi , le cri de nos jeunes enfans ;
» Ils demandent leur père , toi seul peut les
» leur rendre. Ton nom , gravé dans tous
» les cœurs , se répète dans chaque famille
» avec l'enthousiasme de l'espérance.

» Pourrois-tu ne pas te rendre à tant de
» vœux? Ah! s'il en étoit ainsi, il faudroit
» l'attribuer à la crainte de mon inconstance.
» Que dis-je? un grand cœur connoît-il la
» pusillanimité ? Non sans doute. J'augure
» donc de l'adresse que je te présente que,
» sensible à mes malheurs, tu viendras les
» terminer et recevoir les témoignages sin-
» cères de ma reconnoissance par une fidé-
» lité inviolable et une obéissance aveugle
» à tes volontés.

» En attendant que l'Éternel reçoive les
» prières que je lui adresse pour la santé
» et pour la prospérité de ton empire, et le
» souvenir cruel de mon infortune sera tou-
» jours tempéré par la certitude du pardon
» généreux que tu voudras hien m'accorder ;
» et cependant, quoique tu résolves, je
» crierai sans cesse, Vive le roi ! vive
» Louis XVIII ! »

En attendant que tu vienne me rendre le
calme et la tranquillité que j'ai perdus, je vais
exposer à Bonaparte , celui que je chargerai
de l'administration de ton royaume , mes in-
tentions. Connoissant mes besoins, il les satis-
fera, ou bien, semblable à ceux qui l'ont pré-

cédé , il descendra du faîte de la grandeur pour rentrer dans l'obscurité , où il aura le tems de méditer sur les effets de l'ambition. On dit qu'elle est un des principes constitutifs de son caractère ; je le croirois assez , et s'il en est ainsi , c'est l'homme qui me convient le mieux pour répondre à mes vues : il sera toujours tems de le terrasser ou de le récompenser, lorsque tu auras résolu définitivement de venir t'asseoir sur le trône de France!

Le peuple français à Bonaparte.

« Après avoir exposé au légitime souverain du royaume de France tous les maux que j'ai souffert depuis mon insurrection, c'est à toi que je me réfère, pour , en l'attendant , obtenir mes besoins les plus pressans.

Tu n'ignores pas l'abyme affreux qui avoit été creusé sous mes pas par tes prédécesseurs ; tu sais aussi que le misère la plus profonde est l'apanage du souverain révolté ; tu sais encore que je n'ai pu jusqu'à ce jour faire entendre ma voix aux roitelets du Luxembourg ; cependant je deviens de plus en plus languissant , et mon dépérissement enfin est trop marquant.

Je te commets provisoirement pour tenir les rênes du gouvernement : mais tâche de faire en sorte de te comporter de manière à ce que l'allégement que je te demande ait un prompt effet ; autrement tu pourrois encourir mon indignation.

Cependant j'augure bien de toi par le coup hardi que tu as fait à Saint-Cloud. En tuant la constitution, tu m'as fait penser plus mûrement que de coutume. J'ai dit : Je veux un roi ; Bonaparte peut tout en ce moment, Bonaparte me le donnera.

Si cependant je me trompais dans mes conjectures, et qu'au lieu de travailler pour ton maître, tu le faisais pour toi-même, je t'immolerais sur-le-champ à ma fureur ; tu mourrois de la mort des traîtres.

Réfléchis, médites sur ce que tu as à faire : la gloire ou l'échafaud t'attend ; il n'y a pas d'alternative. Cependant j'éloigne toute idée qui pourroit ne pas être conforme à mes desirs.

Non, Bonaparte ne me trompera point ; il marchera toujours dans le sentier de l'exacte justice ; la loyauté sera la base de sa

conduite, et sa fidélité pour son roi légitime sera son plus beau trophée.

Afin que tu connoisse réellement mes
demandes et mes prétentions, je te répète
ici les beaux vers de M^r. *** ; ils m'ont
paru si analogue au sujet que je traite, que
je n'ai pu me défendre les consigner ici ;
ils renferment tout ce que j'ai voulu te
dire.

Air : Rendez-moi mon écuelle de bois.

Rendez-moi la noblesse et le roi ,
Le clergé la finance ;
Rendez moi les soutiens de loi
Les héros de la France ;
Surtout, citoyen , rendez-moi
La paix et l'abondance.

Bonaparte parut sensible à l'exposé du
peuple ; il lui dit qu'il feroit droit à une
partie de ses demandes, mais que, pour ce
qui constituoit le principal objet de sa pétition, il ne pouvoit que l'ajourner. Néan-
moins , pour ne pas tout-à-fait jeter le dé-
couragement dans l'ame du peuple, ou plutôt pour ne pas exciter sa fureur, car il sait
parfaitement bien ce que c'est qu'un peuple
courroucé , il examine d'abord les différentes

parties, applaudit aux unes, récuse les autres : et enfin il dit :

Air du réveil du peuple.

Peuple Français, d'où peuvent naître
Et tes regrets et tes chagrins ?
Ne sens-tu pas qu'il est beau d'être,
Quoique gueux, peuple souverain?
Jouis de ton indépendance,
Toi seul tu te gouverneras ;
Mais pour la paix et l'abondance
Ca n'se peut pas, ça n'se peut pas.

Le grand Électeur accompagna ce couplet d'un rire sardonique. Il vit avec peine qu'il n'avoit pas fait fortune sur l'esprit du peuple ; mais voulant malgré sa conviction conserver le ton d'ironie qu'il avoit déjà pris, il continua d'outrager le souverain par les sarcasmes les plus piquans, et il continua ainsi :

Même air.

Ne vois-tu pas avec ivresse,
Au lieu des nobles d'autrefois,
Des nobles de nouvelle espèce ?
Au lieu d'un n'as-tu pas trois rois ?
Dans toute leur magnificence
Au Luxembourg tu les verras ;
Mais pour la paix et l'abondance,
Ca n'se peut pas, ça n'se peut pas.

Ici le héros de vendémiaire garde quelques

instans le silence. Il ne pouvoit plus douter qu'il avoit essentiellement déplu , et chercha à s'excuser en disant :

Même air.

Du clergé que pourrois-tu faire ,
Tu n'as plus de religion ?
Quant à l'argent , pour satisfaire
A ta juste pétition ,
A la première circonstance
Nous te feront d'autres mandats ;
Mais pour la paix et l'abondance ,
Ca n'se peut pas, ça n'se peut pas.

Le peuple ébahi ne sait que dire ; il entend les principes les plus subversifs de la morale et de la société ; et, dans le fait, qu'a-t-on à dire , quand on n'est pas le plus fort ?

Même air.

Un juge autrefois faisoit pendre
Un voleur atteint, convaincu ;
Mais aujourd'hui l'on a beau prendre ,
On est pendable et non pendu.
Va donc sans craindre la potence ,
Peuple libre , tu voleras ;
Mais pour la paix et l'abondance ,
Ca n'se peut pas, ça n'se peut pas.

Sans rien craindre du résultat que pourroit avoir son effronterie , Bonaparte termine

par l'ironie la plus amère, et en fait avaler
la coupe jusqu'à la lie.

Même air.

> Tu vois que le sénat s'applique
> A te rendre content et joyeux ;
> Il t'a donné la république,
> Que diable veux tu donc de mieux.
> Chaque fête, en réjouissance,
> Dans la crotte tu danseras ;
> Mais pour la paix et l'abondance,
> Ca n'se peut pas, ça n'se peut pas.

Ainsi finit Bonaparte ; puis après il se re-
tira.

Le peuple, après avoir entendu la réponse
du grand électeur à sa pétition, montra un
grand mécontentement ; mais celui-ci ne s'en
étonna point, car que ne peut l'arrogance,
lorsqu'elle est revêtue de l'autorité supé-
rieure ? Aussi, sans rien diminuer de son
effronterie, il avait rappelé le tems où le
peuple, oubliant ce qu'il devoit à son créa-
teur et ce qu'il se devoit à lui-même, avoit
renversé les autels, persécuté les ministres
de la religion, et fait parade de l'athéisme le
plus outrageant, quoique cependant un de-
cret émané du corps législatif eût sanctionné

l'existence d'un être suprême !..... Il falloit un décret pour persuader les hommes !.... Eh ! tout ce qui existe dans la nature , n'est-il pas un témoignage irrécusable ?

Ce seroit bien ici le lieu de se servir de l'expression du bon Ésope :

Je me sers d'animaux pour instruire les hommes.

Tout en parlant de république , Bonaparte avoit laissé entrevoir ses desseins sur le trône; mais le vœu du peuple est trop bien prononcé. Il veut un roi , sans doute; mais il en veut un de la famille des Capets.

Bonaparte , si telle est ton ambition, trembles! l'instant qui éclaireroit ton avènement au trône, seroit le dernier de ta vie ; comme tous les usurpateurs, ton corps sera traîné dans la fange, et ta mémoire justement exécrée, ira joindre celles de Marat, Robespierre, Cromwel , etc. etc.

L'idée d'usurpateur répugne à tout ami de l'humanité ; elle entraîne avec elle celle de tout ce qui peut être l'artisan de ses malheurs. Aussi le peuple français , convaincu de cette vérité , et ayant l'expérience des Anglais , jure ta mort , en invoquant l'ombre

de Capet aux mânes duquel je te sacri-
fierai.

Je jure, en présence de l'Éternel, attache-
ment inviolable, soumission et obéissance à
Louis XVIII. Vive le roi!

www.ingramcontent.com/pod-product-compliance
Lightning Source LLC
LaVergne TN
LVHW012103030726
842523LV00002B/696